BEI GRIN MACHT SICH IHR
WISSEN BEZAHLT

- Wir veröffentlichen Ihre Hausarbeit,
  Bachelor- und Masterarbeit

- Ihr eigenes eBook und Buch -
  weltweit in allen wichtigen Shops

- Verdienen Sie an jedem Verkauf

Jetzt bei www.GRIN.com hochladen
und kostenlos publizieren

Boris Meder

Ausarbeitung Bildquellen Referat Geschichtsdidaktik

GRIN Verlag

Bibliografische Information der Deutschen Nationalbibliothek:

Die Deutsche Bibliothek verzeichnet diese Publikation in der Deutschen National-
bibliografie; detaillierte bibliografische Daten sind im Internet über http://dnb.d-
nb.de/ abrufbar.

Dieses Werk sowie alle darin enthaltenen einzelnen Beiträge und Abbildungen
sind urheberrechtlich geschützt. Jede Verwertung, die nicht ausdrücklich vom
Urheberrechtsschutz zugelassen ist, bedarf der vorherigen Zustimmung des Verla-
ges. Das gilt insbesondere für Vervielfältigungen, Bearbeitungen, Übersetzungen,
Mikroverfilmungen, Auswertungen durch Datenbanken und für die Einspeicherung
und Verarbeitung in elektronische Systeme. Alle Rechte, auch die des auszugsweisen
Nachdrucks, der fotomechanischen Wiedergabe (einschließlich Mikrokopie) sowie
der Auswertung durch Datenbanken oder ähnliche Einrichtungen, vorbehalten.

Impressum:

Copyright © 2006 GRIN Verlag GmbH
Druck und Bindung: Books on Demand GmbH, Norderstedt Germany
ISBN: 978-3-640-80935-6

Dieses Buch bei GRIN:

http://www.grin.com/de/e-book/165271/ausarbeitung-bildquellen-referat-
geschichtsdidaktik

GRIN - Your knowledge has value

Der GRIN Verlag publiziert seit 1998 wissenschaftliche Arbeiten von Studenten, Hochschullehrern und anderen Akademikern als eBook und gedrucktes Buch. Die Verlagswebsite www.grin.com ist die ideale Plattform zur Veröffentlichung von Hausarbeiten, Abschlussarbeiten, wissenschaftlichen Aufsätzen, Dissertationen und Fachbüchern.

Besuchen Sie uns im Internet:

http://www.grin.com/

http://www.facebook.com/grincom

http://www.twitter.com/grin_com

* <u>Inhaltsverzeichnis</u>

1) <u>Einleitende Worte</u>

Im Rahmen des abgeschlossenen Proseminars „Methodik des Geschichtsunterrichts"
beschäftigt sich meine Ausarbeitung mit Bildquellen im Geschichtsunterricht mit dem
Schwerpunkt Bildarten, eingebettet in den Kontext des Themas Vertreibung nach 1945.
Neben der Vorstellung von zeitgleichen Bildern als Bildtypen im Geschichtsunterricht
handelt die Ausarbeitung von der Besprechung mit den Seminarteilnehmern bezüglich
der wichtigsten Eckdaten und des organisatorischen Aufbaus und Vorüberlungen
zur Bildinterpretation. Zudem sollten die Seminarteilnehmer ein ihnen vorgegebenes
Bild zum Thema Vertreibung anhand der zuvor gesammelten Punkte zur Interpretation
von Bildern darauf anwenden.

2) Bilder als Elemente des Geschichtsunterrichts

Das Bild als Unterrichtsmittel erweist sich in seiner Ganzheit als problematisch
und ohne Interpretation als nicht Aussage kräftig. Speziell für den Geschichtsunterricht
erweist es sich primär als „winziger Ausschnitt vergangenen Geschehens[1]" und
ist interpretierbedürftig.

Bilder im Geschichtsunterricht werden zur „Information, Dokumentation und Illustration
eingesetzt[2]" Somit werden sie als Gedächtnis unterstützendes Mittel dargeboten.

Da Bilder primär als Quellen angesehen werden, beschäftigt sich die
Geschichtsdidaktik seit Jahrzehnten mit dem Phänomen Bild, welches in seinen
Erscheinungsformen als Gemälde, Comic, Illustration in einer Zeitung, aber auch
als Karte oder Graphik vorkommen kann.

Aufgrund der soeben wahllos erfolgten Aufzählung einiger Arten von Bildern
lässt sich festhalten, dass es unterschiedliche Arten von Bildern, so genannten
Bildarten oder Bildtypen gibt, welche sich klassifizieren und voneinander
differenzieren lassen. Mit dieser Schwerpunktsetzung beschäftigt sich das
nächste Kapitel.

3) Zeitgleiche Bilder als Bildtypen im historischen Lernen

Zeitgleiche Bilder nennt man diejenigen Bilder, welche während der erfolgten
Handlung bzw. unmittelbar darauf entstanden sind.

Hierfür lassen sich Personenbilder nennen, welche sich seit der Antike bis in unsere
frühe Neuzeit auf die herrschenden Personen, sprich Adlige, zumeist Könige oder
Kaiser, beschränkt hat. Beispiele lassen sich zu Personenbildern viele nennen, zu
den bekanntesten gehört das Gemälde Ludwig des XIV., welches als Vorbild
in seiner Ausdrucksweise und Selbstverständlichkeit der Präsentation von
Macht für nachfolgende Herrschergenerationen in ganz Europa diente.

Ein weiteres zeitgleiches Bild ist das Ereignisbild: Auch hier kann man

---

[1] Klaus Bergmann/ Gerhard Schneider, Das Bild, in: Hb. der Medien i. GU, 1999

[2] Vgl. u.a. Irmgart Wilharm (Hg.), Geschichte in Bildern. Von der Miniatur bis zum Film als
historische Quelle, Pfaffenweiler 1995; Gerhard Schneider, Geschichtsbild, in: Hb. d. GD (wie
Anm. 33), S. 290ff.

dem Begriff nach entnehmen, um welche Art von Bild es sich handelt: Es stellt ein Ereignis dar, welches zumeist einen politischen und historischen Wert für die Geschichtswissenschaften an sich besitzt. Das Gemälde der Kaiserkrönung im Schloss von Versailles gibt es in zweifacher Ausführung, wobei das zeitlich erstere als Ereignisbild bezeichnet werden kann.

Die Alltagsbilder als weitere zeitgleiche Bilder sind in den letzten Jahren in die nähere Betrachtungsweise und Forschungsinteresse der Historiker gerückt: Insbesondere der Alltag der „kleinen Leute", der Bauern, Arbeiter oder Bürger stellt den Alltag einer Mehrheit der Bevölkerung in diesen Alltagsbildern dar.

Landschaftsbilder können wiederum als weitere zeitgleiche Bildarten in Fotografien von Landschaften, aber auch in gemalten Landschaften, wie z.B. bei Monet, differenziert werden. Beide haben jedoch eines gemeinsam: Sie zeigen einen unmittelbar festgehaltenen, subjektiv erfahren Ausschnitt der Wirklichkeit. Insbesondere für Nachbarwissenschaften wie die historische Geografie, aber auch die Kunstgeschichte, sind solche Fotos oder gemalte Landschaften von Bedeutung. Stadtbilder können ähnlich wie die Landschaftsbilder ebenfalls sowohl zeichnerisch als auch per Fotografie festgehalten werden; auch bei dieser Art von Bildern ist es wichtig, Vergleiche mit früheren und späteren Bildern derselben Stadt heran zu ziehen, um z.B. bei der Zerstörung von Dresden im II. Weltkrieg visuell die Zerstörung der Stadt aufzuzeigen.

Das Interpretieren und Analysieren von Plakaten im Unterricht beschränkt sich zumeist auf politische Plakate, so genannte Wahlplakate. Diese Wahlplakate dienen primär zur Veranschaulichung der Wahlpropaganda einer Partei. Wichtig in diesem Zusammenhang ist die Berücksichtigung der gesellschaftlich-historischen Komponente, d.h. in welcher Zeit ist dieses Plakat entstanden, welche Partei warb damit um Wählerstimmen, welches waren die Intentionen usw. Auch hier handelt es sich um ein zeitgleiches Bild.

Als letztes sei in diesem Zusammenhang die Karikatur zu erwähnen, welche ihren festen Platz in Tages- und Wochenzeitungen und unzähligen Zeitschriften gefunden hat. Zumeist wird eine aktuelle, politische, wirtschaftliche oder gesellschaftliche Gesamtsituation karikaturistisch, also ins Lächerlich gezogene, dargestellt.

Durch die unmittelbare Aktualität reiht sich die Karikatur ebenfalls in die zeitgleichen Bildarten mit ein. Als konkretes Beispiel ließe sich hier die von mir gebrauchte Karikatur aus der Weimarer Republik erwähnen, welche den Titel Republik trägt und Repräsentanten verschiedener gesellschaftlicher Schichten aufzeigt.

Trotz ihrer Differenziertheit haben die zeitgleichen Bilder eines gemeinsam: Sie sind mit schriftlichen Quellen zu vergleichen und müssen auch als solche behandelt werden. Zudem zeigen sie bestimmte, von den „Bildgestaltern" beabsichtigte „Sichtweisen historischer Wirklichkeit" auf[3].

4) Interpretation von Bildern im Geschichtsunterricht

Die Interpretation des historischen Bildes im Unterricht kann nur unter bestimmten Voraussetzungen und Bedingungen funktionieren: Bei korrekter und gewissenhafter methodisch-didaktischer Herangehensweise kann der Geschichtsunterricht „dazu beitragen, den Blick für Bilder zu schärfen, die Sensibilität der Wahrnehmung und die Kritikfähigkeit zu erhöhen[4]".

Der Begriff der Bildinterpretation umschreibt die intensive Beschäftigung des Interprets mit dem zu Interpretierendem, in diesem Falle ein Bild. Entscheidend ist die „Deutung der Bildaussage im historischen Entstehungskontext[5]", was bedeutet, dass der Interpret über ein historisches Kontextwissen im Bezug auf das Bild besitzen muss; dies gilt als eine Grundvoraussetzung für die Interpretation des Bildes. Eine bloße Bildbeschreibung, unabhängig vom historischen Kontext, kann darauf verzichten.

Als induktiv geprägte Unterrichtsmethode wurde von mir im Rahmen des Seminars eine Form des Mind Maps gewählt: Die Seminarteilnehmer sollten sich Gedanken machen, welche die für sie entscheidenden Aspekte bei der Interpretation eines Bildes sein: Die vorgeschlagenen Punkte wurden von mir schriftlich an der Tafel festgehalten. Diese Punkte sollten die Seminarteilnehmer bei der anschließenden Interpretation eines Fotos zum Thema Vertreibung in Partnerarbeit anwenden und schriftlich fixieren.

---

[3] Klaus Bergmann/ Gerhard Schneider, Das Bild, in: Hb. der Medien i. GU, 1999, S. 418
[4] Sauer, Michael: Bilder im Geschichtsunterricht, Seelze –Velber 2000, S. 14
[5] Sauer, Michael: Bilder im Geschichtsunterricht, Seelze –Velber 2000, S. 16

Entscheidend aus Sicht der Seminarteilnehmer waren die Punkte Funktionalität von Formen, Farben und Gestaltungsintensität und Ausdruck der räumlichen Betrachtungsweise des Bildes sowie die Größe des Bildes, Personen und Landschaften sowie den Maler selbst und dessen biografische Daten. Technische Hilfsmittel zur Gestaltung des Bildes, ausgelöste Stimmungen durch das Bild und mögliche Intentionen des Autors wurden ebenfalls als eminente Aspekte zur Beschreibung eines Bildes genannt.

Das durch einen Overheadprojektor an die Wand projizierte Bild wurde nach der Sammlung der oben aufgelisteten Punkte kurz besprochen und sollte daraufhin in Partnerarbeit durch die zuvor gesammelten wichtigen Punkte schriftlich bearbeitet und ausgewertet werden. Das projizierte Bild zeigte einen Treck unmittelbar nach Kriegsende von Deutschen im damaligen Oberschlesien, welche ihre Heimat als Vertriebene verlassen mussten und gen Westen zogen.

5) <u>Literaturverzeichnis</u>

Klaus Bergmann/ Gerhard Schneider, Das Bild, in: Hb. der Medien i. GU, 1999

Michael, Sauer: Bilder im Geschichtsunterricht, Seelze –Velber 2000

Irmgart Wilharm (Hg.), Geschichte in Bildern. Von der Miniatur bis zum Film als historische Quelle, Pfaffenweiler 1995; Gerhard Schneider, Geschichtsbild, in: Hb. d. GD